일상 그리고 바둑 검도 커피

김근태 시집

오늘의문학사

일러두기

본문에 사용한 '>'표시는 연과 연 사이의 '빈 줄'을 나타냅니다.

일상 그리고 바둑 검도 커피

| 시인의 말 |

　첫 시집입니다. 그런데 너무 늦은 첫 시집입니다. 모든 게 저의 게으름과 도전정신 부족으로 인한 결과니 부끄러울 뿐입니다.

　특색이라도 있어야 너무 늦은 걸 조금이나마 만회할 수 있을 것 같아서 구성을 좀 별나게 해보았습니다. 그래서 1부, 3부는 일상과 관련된 작품들, 그리고 그사이에 바둑, 검도, 커피와 관련된 작품들만 모아 놓은 2부를 끼워 넣어 보았습니다. 그러고 보니 시집이 아니라 샌드위치 같네요. 과연 이것이 독자 여러분께 특색으로 인정받을 수 있을지 모르겠습니다.

　어쨌거나 저의 글만 모아서 내는 첫 저서라고 생각하니 감회가 새로워서 지난날을 돌이켜보게 만듭니다. 남에게 받은 게 별로 없는 인생인 줄 알았는데, 지금 다시 돌아보니 많네요. 많아도 너무 많네요. 능력도 없는 주제에 빚만 잔뜩 졌다는 사실을 깨닫게 되었습니다. 제게 고마움을 주신 분들 성함을 하나하나 다 나열하자면 날이 샐 지경입니다.

일일이 다 소개해 드리진 못해도 그분들께 대한 고마움은 영원히 잊지 못할 것입니다. 특히, 무능한 인간을 그래도 동생이라고 항상 챙겨주는 저희 누나, 그리고 초등학교 시절 은사님이시면서 "오늘의문학사" 대표이신 이헌석 선생님과 직원 여러분께 다시 한번 감사를 드립니다.

2023년 7월
김 근 태

| 목차 |

시인의 말 ················· 04

1부 일상

주전자 ················· 11
다도해에서 ················· 12
까마귀 ················· 13
봄 ················· 14
가을 ················· 15
꽃샘추위 ················· 16
해바라기 밭에서 ················· 18
기도 ················· 19
매미 ················· 20
지난날 ················· 21
핵폭발 ················· 22
쥐 떼 ················· 24
팽이 ················· 25
가을 나무 ················· 26
집착 ················· 28
기준에 관하여 ················· 30
추억 ················· 32
나무 ················· 33
불면증 ················· 34
겨울 숲 ················· 35
새벽에 ················· 36
새벽 바다 ················· 38
눈 오는 날의 소녀상 ················· 40

2부 바둑 검도 커피

배꼽 …………………………………… 43
향혈 …………………………………… 44
축 ……………………………………… 46
저격수 ………………………………… 48
집짓기 ………………………………… 50
라이벌 ………………………………… 52
마량의 마음은 ………………………… 54
수담 …………………………………… 56
회색에 관하여 ………………………… 57
검도장에서(1) ………………………… 58
검도장에서(2) ………………………… 59
검도장에서(3) ………………………… 61
검도장에서(4) ………………………… 63
검도장에서(5) ………………………… 65
커피 …………………………………… 66
블랙커피 ……………………………… 67
커피 한 잔 …………………………… 68
커피를 마시다가 ……………………… 70
나의 커피론(論) ……………………… 72
헤이즐넛 ……………………………… 73
에스프레소 …………………………… 74
어머니의 커피 ………………………… 75

3부 또 일상

피에타 ···················· 79
완전 무학 ················ 81
양팔 저울 ················ 83
감사합니다, 하느님 ········ 85
성당 마당에서 ············ 86
묵주 알 ·················· 87
복숭아 ··················· 88
나비 ····················· 90
꽃 ······················· 91
눈치 ····················· 92
물고기 ··················· 94
꽃과 돼지 ················ 96
연철 ····················· 97
국어 시간 ················ 98
운수 좋은 날 ············ 100
장르에 귀천은 없는데 ···· 101
질문에 답하기 ··········· 102
부화 ···················· 103
세인트 엘모의 불 ········ 104
다작이냐 과작이냐 ······· 106
로또냐 베스트셀러냐 ····· 108
자기 계발서 ············· 110
벽 ······················ 112
복원 작업 ··············· 113
장기판에서 ·············· 115
오늘도 은하철도는 ······· 117

1부
일상

주전자

물이 끓는다

천근만근 같은 일상 속에서
잠시나마의 여유

팔팔 끓는 물을
쪼르르 따라서
찬찬히 식혀 가며
차를 음미한다

복잡한 머릿속에서
들끓는 것들을 꺼내
그 속에서
시가 될 만한 것들을
찬찬히 찾아본다

다 낡은 스테인리스지만
실은 용광로
순금보다 귀한
사상과 철학들을
제련해 낸다

다도해에서

어린 시절의
떠 흐르는 다디단 젤리 덩어리들

바다 끝에 보물 나라 있다고
하룻밤 더 자면 배를 탈 수 있다고
섣달 그믐날 설렘에 잠들던
나이를 못 먹어 안달하던 소년

허나 지금은
너무 짠 갈증
여전히 뜨겁기만 한 그리움

우리는
낙타의 기나긴 행렬을 몰고 가는
외로운 대상이던가

까마귀

먹물이 흐르는 실개천

AIDS 환자 손에 들린
핵탄두 관련 기사 위로
민방공 경보 마냥
종말의 그날을 알리는
울음소리

피를 토하는 나신의 소녀

봄

주황색으로 칠했다

지난겨울의 눈은 녹고
그 속에 버렸던 귤껍질들
온 세상을 덮고 있다

가을

내 손금은 나뭇가지
땀 같은 잎이 떨어진다

꽃샘추위

우리 오월님께선
계절의 여왕이시지만
여왕 이전에
여자이신지라
질투심만큼은
어쩔 수 없으신가 보다

성형 천국이라 불리는
대한민국
인간 아닌 인형만 바글바글한
대한민국
오월의 여왕님조차도
질투심에 사로잡히시게 만드는
대한민국

오오! 여왕님!
고정하시와요
저들의 미모는
얼굴에 칼 댄 미모
여왕 폐하의 미모는
순수 자연산 미모

〉
이미 여왕님의 승리이십니다
차가운 질투심
이제 그만 거두시와요

해바라기 밭에서

불타는 바퀴들을 몰고
하늘이 달려간다

오매불망 임의 소식 들었는지
부리나케 마중 나가는지

기도

죄 없는 외아드님 돌아가시게 해 놓고
소원 들어 달란다

언제부터 철면피였을까 우리는

매미

"빨리 나와 보아라. 빨리."
어머니께서 부르신다
바빠 죽겠는데 왜 부르시지

"너 매미 실제로 본 적 없지? 이거 봐라."
사진만 보던 아들에게
실물을 보여주고 싶으셨구나

땅속에서 7년이나 살지만
땅 위에서는 7일밖에 못 사는 매미

저를 뱃속에서 열 달이나 품으셨지만
제가 나온 후로는 며칠이나 행복하셨나요

지난날

모두 까맣다
눈을 감아야 보이기에

그녀의
긴
머리카락
참
까맸었지

눈을 뜰 수가 없다
그녀가 백발이 되기 때문에

핵폭발

어렸을 적
천체망원경 살 돈 없어
잡지의 망원경 사진만 보다가
잠이 들면

우아한 드레스의 별나라 공주님
가슴에 달린 장미꽃 브로치를 떼어
나에게 주었다

좀 더 자라서
열심히 저축한 돈으로
천체망원경 사서 들여다보다가
잠이 들면

차디찬 금속성 로봇
가슴을 열더니
핵미사일을 발사했다

과거는 이제 없다
기억 속에만 있을 뿐

핵폭발로
모두 날아갔기 때문이다

천체망원경 모습이
핵미사일과 흡사하다

쥐 떼

놈들은
특급 게릴라다

식빵을 갉아먹고
책까지 조각조각

그동안 수집 정리한 자료들이
일시에 폐기된다

덫을 잔뜩 사다가 지뢰밭을 만들고
총 대신 몽둥이를 들고

나의 사상과 가치관을 지키기 위해
나의 뇌수까지도 지키기 위해

모두 잠든 시각에 치러야 하는
고독한 전쟁

놈들은
특급 게릴라다

팽이

빙빙 돈다
뾰족한 발끝이
이러다 드릴이 되겠다

쉴 새 없이 돌아가는 드릴
쉴 새 없이 올라가는 마찰열

구멍이 패이면
얼음이 녹으면
무엇을 심을래

화초?
작물?

네가 심는 게 무엇인지
알 수는 없지만
무언가를 심고는 있어
분명히

봄이 오면
알 수 있겠지

가을 나무

한 잔 차로
지난여름을 떠올릴 때면
너는 요정 마냥 찻잔 속에 비친다
너의 낙엽은 어느덧 대지를 덮어가고

지난여름 둘이 걷던 발자국은
차츰 그 속으로 사라져 간다
그 낙엽 중 하나가
내 가슴에 소리 없이 날아와 떨어질 때

나는 지난여름을 지워버리지 않으면 안 된다
그날 떠나 버린 발자국이
네 옆을 지나간 건 의미가 있으리라
지난날이 내일을 가로막는 것을 알아
우리는 그럴 때면 네 옆을 지나는 것이고

너도 그러하여
가을에 옷을 벗는다
병실을 뛰쳐나온 망각병 환자처럼
누군가가 그의 의미를 말하더라도
우리는 지난여름을 잊어야만 한다

모든 것이 사라져 버린다 해도
우리의 영혼을 붙잡고
뒤를 돌아보지 말아야 한다

인생은 순간의 연속이고
간혹 잊어야 할 순간도 있거늘
우리는 왜 버리지 못하는 것인가

지금도 나뭇잎은 떨어지고
그의 발자국은 조용히 사라져 가는데

우리는 왜 낙엽을 헤치러
너에게로 달려가는 것인가?

집착*

주전자에 물을 채워
불 위에 올려놓았는데
안 끓는다
안 끓는다

왜 안 끓지
왜 안 끓지
이러다 지각하겠네

안절부절
안절부절
미치겠다
마음이 어느새 지옥이 된다

아하, 이거였구나
집착이 괴로움이로구나
어쨌거나 불 위에 올려는 놨으니
안 끓을 리 없잖아
안 끓을 리 없잖아

〉
잠시 눈 돌린 사이
푸쉬쉬쉬
주둥이에서 힘차게 뿜어지는 김
들썩거리는 뚜껑

오늘도 주전자를 불 위에 올려놓는다
커피도 커피지만
집착을 버리는 법을
배우기 위해
연습하기 위해

* 이 작품은 김상운의 저서 『왓칭』에서 61~64p에 나오는 내용을 제가 일상
생활에서 실제로 겪은 체험과 합쳐서 시로 변주해 본 것입니다.

기준에 관하여
- 어느 날 성당에서

학창 시절
공책에 어차피 큰 그림 못 그리는데
불편하게 큰 자 갖고 다니느냐 하시던 과학 선생님

작은 자 사면
그게 장난감이지 자냐고
무섭게 노려보시던 수학 선생님

해서
자를 두 개나 갖고 다녀야 했습니다

좀 큰 뒤에는
내 인생은 나의 것*이라는
유행가가 히트하는 것을 보고
무단횡단만 했습니다

두 개나 되니까
얇은 자도 왜 그렇게 무겁든지

평소엔 보이지도 않던 차들이
무단횡단 때는 어디서 그렇게 튀어나오는지

〉
긴 긴 갈등 끝에
이제야 해결책을 찾았습니다

이제부터는
당신만 바라보며 살겠습니다

* 가수 민해경의 노래 제목입니다.

추억

이젠 잊어야 한다*
그녀에게서 그동안 받았던 것들을
모조리 불속으로 던져버렸다

이젠 잊어야만 하는데*
또렷해진다
잊으려 할수록 또렷해진다

이젠 잊어야만 한다*
그녀에게서 받았던 천 마리의 종이학도
모조리 불속으로 던져 버렸다

불에 타서 사라져야 하는데
날아오른다
종이학들이 불사조가 되어 날아오른다

* 1, 2, 3연의 첫 행은 조병화의 「하루만의 위안」에서 인용하여 변형했습니다.

나무

땅 위에서만
자라는 줄 알았더니

누군가 생각날 때는
나의 뇌수에서 자라고

누군가 그리울 때는
나의 심장에서 자란다

벚꽃이 붉은 것은
그 밑에 시체가 묻혀있어서라는데*

내가 그동안 피워 낸 붉은 꽃은
몇 송이나 되었던가

* 청소년들 사이에 떠도는 괴담.

불면증

책을 본다
마당을 거닐어 본다
케이블에서 괜찮은 영화를 한다고 해서
감상해 본다

그리고
반성을 다시 한번
계획을 다시 한번
점검한다

남들은 괴롭다지만
내겐 소중한 시간

낮에 낭비한 시간을
만회하라고
남에게는 주시지도 않는 시간을
하느님께서는
특별히 허락하신다

겨울 숲

나신의 소녀들이 하늘을 떠받치고 섰다

언젠가 관람 갔던 어느 조각 전람회
사실은 뉴스에서나 보던 외국의 누드 해변이었음을
오늘에서야 알았다

새벽에

아직 어둡다
분명히 날이 바뀌었는데도
아직 어둡다

어젯밤이나
오늘 새벽이나
어둡기는 마찬가지

모두
어렸을 때는
꿈도 많았겠지
꿈들도 거창했겠지

어제의 해가 지고
어둠이 왔듯이
어둠이 걷히면서
오늘의 해가 뜬다지만

자신도 모르는 사이에
쳇바퀴 돌리는 다람쥐가 된

우리에겐
항상 똑같은 해일 뿐

새로운 해는 개뿔….
다만….
어제 만난 그 사람

— 죄송합니다. 제가 앞을 보지 못합니다. 택시 좀 잡아주시겠습니까?

오늘도 어제 같은 선행을 할 수 있으려나
그런 기회라도 오기를
기도해 본다

새벽 바다

일출 직전
바다는 태고 같다
생명이 처음 탄생하던
바로 그 순간이다

원시 그대로
실오라기 하나 걸치지 않은 그녀
그 속을 헤엄친다

바다는 비단
그녀는 꽃
문자 그대로
금상첨화

자궁에선
금방이라도 출산할 것 같고
유두에선
금방이라도 젖줄기가 뿜어져 나올 것 같다

태양이 뜨는 것이 아니다
그녀가 수중 분만으로

태양을 낳는 것이다

그렇게
새로운 하루가 태어나고 있는 것이다

눈 오는 날의 소녀상

대문 열고 나서다가
눈 맞고 서 있는 소녀를
보다

나는
안개꽃 가운데 꽂힌 장미 한 송이를
사 들고 돌아오다

2부
바둑 검도 커피

배꼽

그녀의 새하얀 배
중앙의 그것

바둑판의
천원

우주의 중심
그곳을 기준으로
한판 승부가 펼쳐지고

생명 만드는 작업의 중심
오늘도
새로운 승자를 탄생시킨다

향혈

두 칸을 뛰었더니
한 칸만 뛰었어야 했다고 훈수
눈목자행마를 했더니
날일자여야 했다고 훈수

계속 재잘거린다
왜 그렇게 벌리기만 하느냐고

야! 뭉치면 살고
흩어지면 죽는다 몰라?

알아! 안다니까!
좀 조용히 좀 합시다

훈수꾼의 목을 쳐서
그 피를 담았다는 향혈

허나
나의 향혈은 비어 있다

〉
아직 너무 답답해서
훈수를 안 할래야 안 할 수가 없는
나의 바둑

그래서
항상 비어 있을 수밖에 없는
나의 향혈

축

축이다
말하자면 사면초가

축에 빠지는 이유가 뭐냐고?
여러 가지가 있지만
상대를 얕보는 것도 원인 중 하나겠지

유방을 얕봤다가
한신을 무시했다가
사면초가 신세가 된 항우

우희는 칼로 목을 긋고
오추마는 강물에 몸을 던졌다
곁에는 이제 아무도 없다
오래전 떠나간 범증의 이름만 부른다

그래! 인생에서
갑을 관계가 뒤집히는 것보다 더 극적인 것은 없겠지!

너의 형제 중에 가장 미천한 자에게 해 준 것이
바로 나에게 해 준 것이라는 예수님 말씀

〉
자신이 얕봤던 유방이
자신이 무시했던 한신이
자신의 목을 죄러 왔다

내가 얕봤던 사람이
내가 무시했던 사람이
나를 심판하실 예수님이시다

이승이나
저승이나
똑같더라

장량 선생님
바둑 한판 두고 싶습니다*

* 맨 마지막 연은 영화 〈초한지-천하대전〉에서 인용했습니다.

저격수*

바둑판 위
선과 선이 만나는 곳
조준경 안

바둑알은
집 짓는 벽돌이 아니라
급소를 찾아드는 총탄

너와 나 사이에 있는 것도
바둑판 같지만
실상은
총과 총끼리
대치하는 중

섣불리 움직이면
나의 위치가 노출되듯
섣불리 돌을 놓으면
파국이다

바둑 한판에 목숨 거냐고 묻지 말라
목숨이 달려 있다고 가정해야 하니까

그만큼 신중 또 신중해야 하니까

* 이 작품은 제2차 세계대전 당시 구소련 저격수와 독일 저격수 사이에 실제로 있었던 대결을 그린 영화 "에너미 앳 더 게이트(Enemy At The Gates)"에서 인용했습니다.

집짓기

친구여
바둑 한판 두세
집짓기 경쟁하세

우리가 짓는 집은
진시황의 아방궁도 아니고
루이 14세의 베르사유도 아니네만
어쨌거나
집은 집이잖은가

계가할 때
내가 만든 공간이 좌악 펼쳐질 때의 그 느낌
텅 빈 공간을 상상할 때
뇌에서 알파파가 나온다지
그래! 이렇게 기분이 시원해지는 걸 보면
나오긴 나오나 보군

이것도 집은 집이고
땅이라면 땅이니

〉
1가구 2주택은 명백히 불법인 이 나라에서
우리는 집이 이렇게 많고
땅도 이렇게 넓구나

대통령이 국격을 놀랍도록 상승시켰는데도
부동산 정책 하나 잘못했다고
정권이 교체되는 이 나라에서

우리는
집이 없어서가 아니라
이렇게나 많은데도
상대보다 적다고
생난리를 치고 있네

라이벌

항우가 없으면
유방도 없단다
해서 초한지의 끝은
항우의 자결이며
뒷이야기는
사족이란다

제갈량이 없으면
사마의도 없지
해서 삼국지의 끝도
제갈량의 죽음이며
뒷이야기는
사족이겠지

헌데
사족이 너무 길었다
사마의는 너무 설쳤어
제갈량 죽었다고
너무 설쳤어

〉
인생은 바둑이라지만
사마의에게는 예외였지
백돌이 없는데
흑돌 혼자 설쳤지
바둑도 아닌데
바둑인 척했지

마량의 마음은

화타가 도착했을 때
관우와 마량의 바둑은
이미 시작되었나니

조금 쉬었다가 마저 두면 될 것을
관우는 수술을 받으면서 두었을까
뭐가 그리 급해서

자만이 병이었던 관우
그 병이 항상 문제였던 관우

오군에게 포위되었을 때
구원병을 요청하러 유비에게 가는 마량
다섯 형제 중에서
가장 뛰어났다는 마량
유일하게 하이얀 눈썹이었다는
그 눈썹 아래에 있는
마량의 눈빛

수술의 고통쯤은 얼마든지 참아낼 수 있다는
관우의 호언장담이

마량에게는
자부심으로 보였을까
자만심으로 보였을까

현재의 난관은
오군의 포위 때문일까
관우의 자만 때문일까

하이얀 눈썹처럼 실룩거린다
마량의 눈빛은
마량의 마음은

그날의 바둑은

수담

바둑판이 우주면
바둑 두는 건 인생

전투인가
수담인가

항상 그랬다
둘 중의 하나였다

싸우든가
담소를 나누든가

우리네 인생은
항상 그랬다

이도 저도 아닌 것 같을 때도
실상은 둘 중의 하나였다

회색에 관하여

처음에는 조조를 친다고 일어난 유비가
나중에는 손권을 못 잡아먹어 안달하더라

적벽대전 당시에는 동맹이었던 손권이
관우가 죽은 후에는 원수가 되더라

처음부터 적이었던 놈보다
동맹이었다가 돌아선 놈이
더 얄미운 법이지

적어도 바둑판 위에서만큼은
돌아서는 놈은 없군
흑은 끝까지 흑
백은 끝까지 백

삼국지는 손권이 있어서 더 재밌다지만
바둑은 회색이 없어서 더 깨끗한 건지도 모르지

친구여!
자네는 그런 생각 들 때 없나?

검도장에서(1)

자신도 이기지 못하면서
어찌
남을 이기겠는가

너와 대련하러 나오기 전
나는
나를 만나서
나를 이겼다

나를 이기고
나를 죽이고
이렇게 나왔다

고로
네 앞에 서 있는 나는
이미
죽은 사람이다

검도장에서(2)

칼을 간다
무사는
항상 칼을 갈지만
아무 때나 뽑지는 않는다는데
뽑아야 할 그 순간을 위해
언제 올지 모르는 그 순간을 위해
오늘도 칼을 간다

언젠가
바다 저편
하늘과 바다가 맞닿는 수평선
그곳에 닿기 위해
배를 타고
노를 저어
나아갔다는 소년

가도 가도
끝이 없어
포기할까 했지만
그래도 나아갔다는

영원히 나아갔다는
그 이야기

갈아도 갈아도
끝이 없다
수평선을 떠올리게 하는 칼날
예리함은
끝이 없다

노를 저어도 노를 저어도
끝이 없는 소년의 길
날을 갈아도 날을 갈아도
끝이 없는 나의 칼

검도장에서(3)

긴 머리
양쪽 머리핀의
앙증맞은 앵두
뭐가 그리 재밌는지
옆의 친구와 재잘재잘

허벅지 중간쯤에서
잘려 나간 오른쪽 다리
빈 공간을 채우고 있는 목발
헌데도
뭐가 그리 재밌는지
옆의 친구와 재잘재잘

나는 얼른
내 손들을 살펴봤다
손가락 관절 이상으로
완전히 쥐어지지 않는 주먹

이 대신 잇몸
다리 대신 목발
주먹 대신 죽도(竹刀)

〉
범생이에서 유단자가 되기까지의 세월

뒷모습밖에 보지 못해
얼굴도 모르는데
평생을 못 잊게 될 줄이야

자신을 평생 못 잊는 남자가 있다는 사실을
전혀 모르겠지 전혀

어느 하늘 아래서
나처럼 늙어가고 있을까*

* 가수 최백호의 노래 "낭만에 대하여"에서 인용하여 약간 변형했습니다.

검도장에서(4)

정말로 키가 큰 것은
킬리만자로가 아니라
기린이로구나

목도 길지만
다리도 너무 길구나

긴 다리로 발길질을 하면
어찌될까?

휘두르는 무기가
길면 길수록
원심력도 강해진다는데
파괴력도 커진다는데

그래
그 정도의 파괴력이니까
사자도 함부로 못 덤비는 거겠지

그 긴 다리로 걷는 모습은
외로운 검사(劍士)

〉
너도 나처럼 순하게 생겼구나
그러나

사자를 향해 내지르는 너의 발길질
상대를 향해 휘두르는 나의 죽도(竹刀)

검도장에서(5)

칼을 휘두른다
아니다
마음을 휘두른다

칼로 벤다
아니다
마음으로 벤다

숫돌에 가는 것은
칼이 아니다
마음이다
어느새 나 자신을
통째로 갈고 있다

지금 이 사람은
자신과 담소하는 내가
사람인 줄 안다
칼인 줄 모른다

커피

처음 섹스하던 날
그녀는 커피에 체액을 타서 주었다
떠나던 날
그녀는 커피에 눈물을 타서 주었다

오늘은
체액도 눈물도 없이
크림과 설탕을 넣어 마신다

그녀가 떠나던 날 심은 나무
꽤 자랐다

커피 맛을 몰라
맹물만 먹고 크는 나무
내가 까만 커피를 마실 때
나무는 하얀 꽃을 피운다

오늘도 하얀 꽃이 핀다

블랙커피

쓰다
설탕을
넣지 않았다
크림도
넣지 않았다

이것이 본래의 맛
멀고도 험한 인생 여정
달콤한 것은 모두 속임수다

진실은
바로 지금 마시는
이 한 잔의
블랙커피

커피 한 잔

나른한 오후
정신없이 보낸 오전의 피로함이
점심 식사 후의 식곤증과 맞물려
무겁게 내리누른다

아직도 할 일이 남았는데
무거워지기만 하는 눈꺼풀
정신 번쩍 날 만한 뉴스라도 있으면 좋으련만
할 수 없이
커피 한 잔으로 대신한다
뉴스보다 효과는 덜하더라도
안 하는 것보다는 낫겠지 하는 생각으로
커피를 탄다

블랙에
설탕 넣고
크림 넣으니
어디서 많이 본 색이 돈다

어디서 봤더라

〉
언젠가 피서지에서 돌아온 그녀
그을린 그녀의 피부

한 모금 마시자마자
그녀의 키스 같아서
정신이 번쩍 난다

커피를 마시다가

까아만 커피
언젠가 무심코 올려다본 밤하늘 같다

무한한 우주에서
지구에만 생명이 존재한다면
이보다 심한 공간 낭비는 없다는 칼 세이건의 말처럼

어렸을 적 만화에 나온 문어 같은 모습일까?
지구의 연예인 뺨치는 미남미녀일까?

지구이건
외계이건
사람 사는 건
거기서 거기겠지

커피 한 잔에 들어가는 원두 재배하느라
등골 빠졌던 노동자처럼
저토록 머나먼 별나라에도
애환은 많겠지

〉
어찌 보면
커피가 아니라
사연을 마시는 시간

세상살이에 지친 마음을 위로하느라
없는 시간 쪼개서 마련한 이 순간에
너무 멀어서 만나는 것조차 불가능한
얼굴은커녕 신체 구조도 모르는 사람들과 느끼는
이 기묘한 동병상련

나의 커피론(論)

옛날에는 위장장애에, 심근경색에, 고혈압에, 콜레스테롤 증가시키고, 골다공증 유발한다더니⋯ 요즘에는 우울증과 스트레스를 완화하고, 파킨슨병과 위암, 간암은 물론 치매까지 예방한다는⋯ 커피!⋯ 노란색은 마음의 안정을 방해한다는데, 괴테는 노란색이 마음을 밝게 해 준다고 하고⋯ 싱겁게 먹어야 좋다는데, 어느 의학협회에서는 소금이 머리를 좋게 해 준다고 하고⋯ 그럼 노란색은 보아야 하나, 보지 말아야 하나?⋯ 소금은 먹어야 하나, 먹지 말아야 하나?

커피를 마시면서 어째서 그동안 당당하지 못했는가를 반성해 본다

헤이즐넛

학창 시절
만원 버스 안
이리 밀리고
저리 밀리다가
우연히 맡게 된 향기
옆의 여학생 머리 향기
단 한 번 봤는데도
잊을 수 없게 된 그 얼굴

짝사랑은 헤이즐넛이다
향은 어느 커피보다도 좋은데
맛은 항상 싱겁기만 하니까

에스프레소

잔이 너무 작다
소주잔 같다

독하니까 그렇지
양까지 많으면 끔찍하잖아

된통 쓴맛 한번 보고 나면
어지간한 건 쓰게 느껴지지도 않듯

쓴맛이 일상인 서민들이
쓴맛에 면역되기 위해 마신다는 소주처럼

나는 술을 할 줄 몰라
에스프레소로 대신한다

소주는 아니다 그러나
쓰다 머리가 띵할 만큼 쓰다

그래도 술처럼
취해서 민폐 끼치지는 않는다

어머니의 커피

학창 시절 공부하다가 졸면
"커피 타 주랴?"

병간호하다가 피곤해서 졸면
"커피 타 주랴?"

몸도 못 가누시면서
무슨 커피를 타 주신다고

병세로 비몽사몽하시는 와중에도
당신 병간호하느라 지친 아들이 안쓰러우신가 보다

공부하는 아들의 잠 쫓는다고
커피 타 주시더니

당신의 잠은
쫓지 못하셨다

걸핏하면 졸던 아들보다
먼저 잠드신 어머니

〉
가족들 눈물 속에
영원히 잠드신 우리 어머니

3부
또 일상

피에타

희생자 304명
팽목항은 오늘도 눈물바다
승객 안전 책임져야 할 선장은
저부터 살겠다고 도망쳤다
노모가 걱정돼서
그런 행동을 할 수밖에 없었단다

아들은 살았다는 소식에
노모가 안도의 한숨을 내쉬었을
바로 그 시각
팽목항에서 멀리
아주 멀리 머얼리 떨어진
바티칸 성 베드로 대성당 안에선
인간의 죽음을 몸소 체험하신 하느님을
무릎 위에 올려놓으신
또 다른 어머니가 계셨다

304명 죽이고 혼자 살아온 아들을 안고 있는 어미
모든 사람 살리고 혼자 죽은 아들을 안고 계신 어머니

〉
자식 앞세운 슬픔
누구보다도
내가 잘 안다고
바티칸의 그 어머니
오늘도
노란 리본으로 펄럭이고 있다

완전 무학

박노해 시인이 사노맹 혐의로 재판받던 날
담당 검사는, 이 시들 정말 고졸자 작품 맞느냐고
서울대 출신도 아닌데 이렇게 수준 높은 시를 쓸 수 있냐고
이 사람이 진짜 박노해인지 믿을 수가 없다고
몇 번이나 되물었다는데

그 검사, 자신이 어렸을 적 읽은 톰 소여의 모험
그 저자 마크 트웨인은 초졸 임을 알기나 했는지 모르겠다

대학 진학률이 90%가 넘는 유일한 나라
일류대 가기 위해 사교육까지 해야 하고
천문학적인 사교육비를 감당할 자신이 없어
아이를 낳지 않으려고 하는 나라
갈수록 줄어드는 출산율 때문에
머지않아 지구상에서 영원히 사라질지도 모른다고
일론 머스크로부터 지적까지 받은 대한민국
아니 대학민국

학교라곤 문전에도 가 본 적이 없으신
예수님께서 십자가에 못박히실 때

〉
그걸 보고 비웃은 바리사이와 율법 학자들은
오늘날 대학민국으로 치면 서울대 연고대 출신들이었나니

학벌 좋아하지 마라
너희들도 언젠가는 죽는 날이 반드시 올 것이고
그날 너희들을 천국으로 보낼지 지옥으로 보낼지
결정하시는 분께서는 완전한 무학이시란다

양팔 저울

양쪽에
돌멩이 하나씩 올려놓고
저울질한다
자꾸만 저울질한다

이쪽이나
저쪽이나
금덩이도 아니고
은덩이도 아니고
돌멩이일 뿐인데도
무게 차이가
그렇게나 중요한가 보다

연고대씩이나 나오고서도 서울대 출신과 저울질 당하고
서울대 출신일 때는 같은 대학 법대 출신과 저울질 당하고
같은 대학 법대 출신일 때는 변호사 된 동기와 저울질 당하고
변호사 됐을 때는 판검사 된 동기와 저울질 당하고
판검사 됐을 때는 승진 빠른 동기와 저울질 당하고

저쪽이
이쪽보다

항상 무겁더라

가벼우면 안 되나?

양팔 저울은
학창 시절 과학실에서나 친숙했지
졸업하면 영영 이별인 줄 알았는데

알고 보니
이미 통째로
양팔 저울 위에 올려져 있었던
우리네 인생

감사합니다, 하느님

일류 여대 간호학과를 나온 딸이
실업계고 야간부밖에 못 나온 남자에게
시집가는 게 싫다고
펄펄 뛰고
아주아주 생난리를 쳤다

일류 여대졸과 실업계 고졸의 차이가
크다 한들
하느님과 인간의 차이만 할까

하나뿐인 자식인데
인간을 구원하기 위해
아낌없이 내어 주신
하느님
우리 하느님

성당 마당에서

김수환 추기경님 말씀하시길
사랑이
머리에서 가슴으로 내려오는데
칠십 년 걸리셨다는데
나는
얼마나 걸릴까

꽃 한 송이
꽃잎 위의
개미 한 마리

죽은 곤충은 안 보이고
빈손으로 집에 가면
여왕님께 혼날 테고
꿀이라도 가져갈까 하고
여기까지 올라왔느냐

과자 부스러기 하나 떨어뜨린다
지금, 이 순간
내가 할 수 있는 사랑의 행위는
이것뿐이므로

묵주 알

프란치스코 교황님께서 말씀하시길,
"육신이 아플 때 알약 먹듯이,
영혼이 아플 때 묵주 알을 굴리며 기도하라."

어머니 편찮으셔서
병원에서 처방받은 알약을
모두 챙겨서
그 많은 알약을
하나도 빠뜨리지 않고
모두 챙겨서
물과 함께 가져오니
아버지 말씀하시길,
"약만 먹어도 배가 부르겠다."

주님
바다는 저리도 푸른데
인간은 너무도 슬픕니다*
주님
묵주 알은 이리도 많은데
인간은 너무도 아픕니다

* 일본의 가톨릭 소설가 "엔도 슈사쿠"의 말을 인용했습니다.

복숭아

수줍은 두 뺨이
풍만한 젖가슴까지
색이 번졌다

함초롬 함초롬
수밀도 두 개

잘 익은 그녀

그 밤을 어찌 잊겠는가

지금쯤은
시집갔겠지
애도 서넛은 낳았겠지

오랜만에 들른 친지가 사 온
복숭아

향기가 너무 낯익다
간신히 잊을 만했는데
도로 살아나는 향기

〉
잊는 것도
참
어려운 일이다

그리움에선지
야속함에선지
와락
한입에 베어 물어 버렸다

나비

나비 한 마리 죽어가고 있었다

날개의 훈장이
점점 찢겨질 때
내가 그리던 수채화 위로
물이 엎질러졌다

저녁 뉴스에서
어제 실종된 소녀의
익사체 인양 소식을 들었다

꽃
  - 영화 〈올드보이〉의 두 주인공 "수아"와 "우진"에게

하나의 꽃 속에
꼿꼿한 암술
나란한 수술

휴식을 모르는 꿀벌
하나의 꽃 속의 수술 꽃가루를
하나의 꽃 속의 암술에 묻힌다

휴식을 모르는 꿀벌
그는 말이 아닌 행동으로
주례사를 한다

하나의 꽃 속에 돋아나고서도
열매를 낳는구나
하나의 꽃 속에 돋아나고서도

누나의 향긋한 체취
누나의 달콤한 젖꼭지
손은 어느새
누나의 부끄러운 곳을 벗겨 내리고 있다

눈치
- 이창은 시집 『명승 유람』 을 읽고

견우와 직녀가
이미 결혼해서
미리내 강물 언덕의 새집으로 이사 가
곧 아기까지 갖게 된다는데
지구촌 사람들만 모르고 있더라*

아직도 지구촌에서는
칠석만 되면
두 사람이 만나 서로 부둥켜안고
울어서 비가 오는 줄
알고 있더라

칠석날 되어도
비 안 올 때 많고
오작교 놓으러 가야 했을
까마귀, 까치는
놀러 다니기 바쁜데

지구촌 사람들아
왜 그리 눈치가 없나

이쯤 됐으면
짐작은 했어야 할 것 아니냐

어째서
누가 일러 줘야만
아는 것이냐

올 칠석에도
비는 안 오는데
까마귀, 까치는
놀러만 다니는데

* 이창은 시집 『명승 유람』에서 인용했습니다.

물고기

죽어 있는 것은
물고기가 아니었다
물이었다

차마 다 못 감은 눈

공장장에게 몸을 더럽히던 날도
야간대 다니던 애인 떠나던 날도
동생들 땜에 죽을 수 없던 그녀

연탄가스 자욱한 방에
누워 있던 그녀

오늘
그녀의 동생
자취집 있던 자리에
와서 서 있다

이 빌어먹을 세상 속으로
그녀의 동생
아직도 생생한 그녀의 향기를 안고 사라진다

〉
죽어 있는 것은
그녀가 아니었다
세상이었다

꽃과 돼지

제목 : 코미디언
작가 : 마우리치오 카텔란
내용 : 하얀 벽면에 은색 덕트 테이프로 바나나 한 개를 붙여
 놓은 작품
가격 : 12만 달러(한화로 약 1억 5천만 원)

서울 리움미술관에서 전시 중이었는데
어느 대학생이
그것도 일류대생이라는 놈이
그 바나나를 떼어내서 냠냠 먹었단다
이유를 물으니까
아침을 안 먹고 와서 배가 고파서 그랬단다

이효석 소설가의 수필 「화초」에서 본 문구가 생각난다
"꽃을 보고 먹어 버리는 것은 돼지뿐이다."
잊힐 뻔한 문구였는데 오늘은 종일 생각난다

연철
- 조병화의 시 「서산나귀」를 변주하여

철은 철이로되 연철올시다
강철이 아니올시다

보시다시피 이렇게 걸핏하면 휘어지는
연철올시다

단단할 줄도 모르고
굳세게 버틸 줄도 모르고

그래서 휘어지기만 하는
연철올시다

긴 긴 길을
긴 긴 세월을

철은 철인데 이름만 철이올시다
약자 앞에서나 꼿꼿할 뿐 강자 앞에선 휘어지는 연철올시다

국어 시간

유신정권하의
국어 교육
끝나니까
신군부정권하의
국어 교육

나의 학창 시절
국어 시간
교육의 범위가
얼마나 좁았는지를
졸업 후에야 알았다

김수영 읽고
참여 문학 알았고
박노해 읽고
노동 문학 알았다

작가 될 생각을 안 했다면
그래서 독서를 광범위하게 하지 않았다면
그래서 세상 보는 시각을 키우지 않았다면
5.18도 빨갱이 짓인 줄 알았겠지

할아버지의 대죄를
대신 사죄하러 온 손자의 마음을
이해한다는 건
영원히 불가능했겠지

운수 좋은 날
   - 포커하다가

스페이드 텐
스페이드 잭
스페이드 퀸
스페이드 킹
스페이드 에이스

야호!
로열 스트레이트 플러시
평생 한 번 잡을까 말까 하다는 패가 들어왔어
드디어 내 인생에도 서광이 비쳤다 이거야
오오 신이시여
제발 이것이 꿈이 아니기를

가만!
꿈은 아닌데
상대가 없잖아
나 혼자 연습하는 중이었잖아

염병!

장르에 귀천은 없는데

장르에 귀천은 없는데
아이돌 콘서트장에 몰려온 관객들
밀치고
넘어뜨리고
짓밟아서
천박하다는 소릴 듣는다

장르에 귀천은 없는데
클래식 연주회장에 몰려온 관객들
질서 있고
정숙하고
배려해서
고상하다는 소릴 듣는다

질문에 답하기

우리 엄마 어디 있냐고 묻기에
성모상을 가리켰다
저분이 네 엄마시다

아빠는 어디 있냐고 묻기에
삼위일체상을 가리켰다
저분이 네 아빠시다

지금은 보육원도 사라지고
아이도 어디로 갔는지 모른다

편견과 차별로 가득한 세상

아이가 그날의 내 대답을
영원히 잊지 말기를
제발 그리되기를
기도할 뿐

내가 할 수 있는 일은
지금은 그것뿐

부화

알이 깨졌다
아프락사스는 아니고
그냥 병아리지만
어쨌거나
깨고 나왔다

깬다
깬다
깬다

나는 오늘도
얼마나 깼는지
일기를 쓴다

파괴는 성장이다

일기를 쓰는 이 밤
싱클레어의 아이가
에바 부인의 태를
열고 나오는 밤

세인트 엘모의 불*

망망대해
폭풍우
- 저희를 지켜 주소서
돛대 끝에
번쩍이는 푸른빛 섬광
- 성 엘모께서 우리를 지켜 주신다

세파 속에서
수없이 넘어질 때
쓰레기통 속으로
사정없이 던져질 때
돛대 끝에 번쩍이는 섬광처럼
우리들의 머리끝에서 번쩍이는
따뜻한 말씀들

그대는 혼자가 아니라네
사랑하는 사람을 잃어도
그대 주위에는
따뜻한 말 한마디 해 줄 수 있는
우리가 아직도 남아 있다네

* 세인트 엘모의 불(Saint Elmo's fire) : 번개나 폭풍이 치는 밤에 배의 돛대 끝이나 교회의 탑 꼭대기, 험준한 산의 정상 등에 나타나는 청자색 불꽃 모양의 빛을 말합니다. 옛날 뱃사람들은 폭풍우가 아무리 심해도 돛대 끝에 이 불빛이 나타나면 엘모 성인께서 자신들을 지켜 주고 계신다는 뜻으로 알고 안심했다고 합니다.

다작이냐 과작이냐

오랜만에 만난 문학 선배
술 한 잔 하자고 해서
술 못 한다 했더니
커피라도 하자고 한다

명작을 탄생시키는 비법을 몰라
고민이라고 했더니
많이 쓰라고 한다
많이 쓰다 보면
그중 한두 개는 명작 소릴 듣는단다

쓴다고 해도
떠올라야 쓸 거 아니냐고 하자
떠올라서 쓰는 게 아니라
쓰니까 떠오르는 거라고 한다

"날 좀 봐라.
애를 바라고 밤일하는 게 아니라
밤일하다 보니 애가 생기더라구.
똑똑한 애만 골라서 낳는 게 아니라
일단 많이 싸질러 놓고 보면

그 중 몇 놈이 똑똑하더라구.
글쓰기도 똑같은 거야."

그 후
그 선배
아직까지 보질 못했다

자식이 너무 많은 그 선배

생활고에 쫓겨
처자식 다 데리고 동반 자살했다는 가장의 기사가
인터넷에 뜰 때마다
설마 그 선배는 아니겠지 하는 생각으로
조심스레 읽어본다

로또냐 베스트셀러냐

어느 소설가께서 내신 책을 보니
소설 쓰기로 인생 역전 해볼 생각은 없냐고 하신다

그래! 옛날에 다른 책에서도 봤어!
글쓰기로 인생 역전할 확률이 낮긴 해도
로또 1등 당첨 확률보다는 높다고!

소설은 아니지만
유튜브용 단편 애니메이션 시나리오 공모를 보고
12편인가를 보냈는데
2편밖에 채택이 안 되더라!
그나마도
경영난으로 애니메이션 제작부서가 폐지되었단다!
그래도 고료는 받았으니 불행 중 다행!

인기 만화가 이우영 씨가
작품의 애니메이션 제작을 놓고
제작사와 저작권 갈등을 벌이다가
고료도 제대로 못 받고
결국 극단의 선택을 했다는 뉴스가 나오던 날

〉
발표는 못 했지만
고료는 받은 사람과
발표는 했지만
고료는 못 받은 사람

전자와 후자 중
누가 그나마 다행인지
생각할수록
머리만 아파서
약국에 갔다
들어오는 돈도 없는데
약값만 또 나갔다

자기 계발서

언제부터였더라
아마도 김영삼 시절 IMF 때부터였던 것 같다
서점에서 열풍을 일으키기 시작한 코너

〈자기 계발서〉

그 책 사다가 읽은 사람들
모두 성공했을까
그 책 덕분에 돈 번 사람은
그 책 쓴 저자밖에 없을 것 같은데

— 이 책을 읽고 실천하면 당신 인생에 반드시 기적이 일어납니다 —

"반드시"
"틀림없이"
"무조건"
이런 말 강조할수록
가짜일 확률이 높다는데

〉
가짜라는 걸 알면서도
혹시나 하는 마음에
지푸라기라도 잡는 심정으로
가짜를 사서 읽게 만드는
우리 사회

가짜라는 걸
모르는 게 아니라
알면서도
사서 읽게 만드는
우리 사회

벽

통행을 막으면서
쓰잘머리 없는 것들만 잔뜩 붙어 있다

붙어 있는 것들은 거의가 광고지들
인생에 도움이 되는 건 전혀 없다

반드시 무너져야 하는데도
굳건히 서 있는 것

저것이 무너지게 해 달라고 매일 기도한다
저것이 무너지는 꿈을 매일 꾼다

저것이 무너지면 뭐가 나올지는 궁금하지 않다
통행이 가능해졌다는 것에만 의미를 둔다

복원 작업

밤하늘 올려다보면
어렸을 땐 별이 총총했는데
지금은 공해 가스에 가려
아무것도 보이지 않으니

먹구름이 아무리 끼었어도
태양이 사라진 건 아니라는
태양은 여전히 존재한다는
2차 대전 방공호 속
어느 피난민의 독백처럼

그래!
별들은 사라진 게 아니야!
별들은 여전히 존재하고 있어!

별나라 공주님께선 잘 계시겠지?
은하철도는 기적소리를 토해 내며 달리고 있겠지?
보이저 2호는 태양계를 벗어났을 텐데
지금은 어디쯤 가고 있으려나?

〉
그림 위로 칠해진 까만 페인트
페인트 벗겨내기 불가능하대서
그 페인트 위에
옛날의 그림들
다시 그대로 그리는 밤

한 작품 두 작품
아주아주 정성스럽게
너무너무 정성스럽게
복원하는 이 밤

장기판에서

오늘도 나는
한을 쥐고 싶다
초는 진짜 쥐기 싫다

한을 쥐면
최선을 다하게 되고
패해도 아쉽지는 않다
초한지 결말이 달라지는 건 아니니까

허나 초를 쥐면
최선을 다하고 싶지가 않다
항우의 복수전을 해 주고 싶은 생각은
추호도 없으니까

금수저를 물고 태어난 항우
흙수저 입장에서는
미울 수밖에 없는 금수저
그래서 우리는
같은 흙수저인
유방에 붙을 수밖에 없다

〉
길가는 남자 막고
소원을 세 가지만 말해 보라 하면
돈, 권력, 미녀
셋 중 단 하나도 갖기 힘든 흙수저들에겐
셋을 다 가진 항우는
미운털일 수밖에 없다

부가 대물림되고
인생 역전 확률이 갈수록 희박해지는 세태
마음만이라도 위안을 얻으려면
그를
영원한 패자로 만들어야만 한다

미국 경제공황 시절
모노폴리 게임을 하며
재벌의 꿈을 키웠던
서민들처럼
집 한 채 장만하기도 힘든 시절
장기를 두면서
금수저를 이길 꿈을 키우는
흙수저들을 위하여

오늘도 은하철도는
- 〈은하철도 999〉 발표 40주년 기념 전시회에 다녀와서

나의 유년의 한 조각이었던
은하철도는
오늘도 밤하늘을 질주하건만
천체망원경으로도 보이지 않는다는 이유로
유령 열차가 되고

나의 메텔이
남기고 간 야릇한 키스는
나를 어른이 되게 해주었건만
그 보드라움과
그 촉촉함을
다시 느낄 수 없는
지금 이곳은
모든 것이 기계화되어 가는
21세기의 어느 하루

나의 메텔, 나의 연인이여
그대는 지금
저 밤하늘
어디쯤을 달리시는가

사랑보다 조건을 선호하는 이 거리에
그대가 남기고 간 키스는
한낱 추억이고
사랑은 그저
사치일 뿐

사람들은 아직 기계 인간은 아니지만
인생은 이미 기계화되기 시작했고
그대와의 기억을 떠올리는 나는
이미 별종 취급을 받고 있고

그대는 이브
나는 아담

태초의 아담과 이브가
에덴에서 쫓겨났다면
그대와 나는
현실에서 쫓겨나고 있는지도 모른다

쫓겨난 우리를 받아줄 동화(童話)가
있는지도 확신할 수 없는
지금 이곳은
21세기의 어느 하루

〉
오늘도 은하철도는
분명히 달리건만
동화(童話)는 이미
죽어 가고 있는
현실의 어느 하루

일상 그리고 바둑 검도 커피
김근태 시집

| 발 행 일 | 2023년 7월 21일
| 지 은 이 | 김근태
| 발 행 인 | 李憲錫
| 발 행 처 | 오늘의문학사
| 출판등록 | 제55호(1993년 6월 23일)
| 주　　소 | 대전광역시 동구 대전로 867번길 52(삼성동 한밭오피스텔 401호)
| 전화번호 | (042)624-2980
| 팩시밀리 | (042)628-2983
| 카　　페 | http://cafe.daum.net/gljang(문학사랑 글짱들)
| 전자우편 | hs2980@daum.net
| 계좌번호 | 농협 405-02-100848(이헌석 오늘의문학사)

| 공 급 처 | 한국출판협동조합
| 주문전화 | (02)716-5616
| 팩시밀리 | (02)716-2999

ISBN 979-11-6493-281-8
값 10,000원

ⓒ김근태 2023

* 이 책의 판권은 저작권자와 오늘의문학사에 있습니다.
* 이 책은 E-Book(전자책)으로 제작되어 ㈜교보문고에서 판매합니다.
* 잘못 만들어진 책은 구입하신 서점에서 교환해 드립니다.